DL ZA 32-2026
ISBN: 978-84-18885-66-2

http://www.edicionesinvasoras.com

MANIOBRAS

seis invenciones sobre la esperanza

para tres intérpretes, narrador, músico y bailarín

IX PREMIO INTERNACIONAL DRAMATURGIA INVASORA
"LAURO OLMO"

Miguel Ribagorda Lobera

La esperanza
arriesga el salto a
una nueva vida.
Byung-Chul Han

PERSONAJES

Él / Ella / Él 1 / Ella 1 / Abuelo - Presente.
Él 2 / Ella 2 / IA - Futuro.
Ronin / Andrés / Uno / Dos / Mujer gato / Mujer - Tiempo indefinido.

POSIBLE REPARTO

ACTOR 1: Ronin, Abuelo, IA, Uno.
ACTOR 2: Él, Él 1, Él 2, Niño gafotas, Muñeco, Andrés.
ACTRIZ: Ella, Ella 1, Ella 2, Profesora, Mujer, Mujer gato, Dos.
NARRADOR (puede ser el MÚSICO y/o BAILARÍN)
MÚSICO
BAILARÍN

LECTURA

Es un texto con acotaciones mínimas. Se deja al criterio de dirección los recursos necesarios para su escenificación.

MÚSICA Y LUCES

El espacio sonoro y la partitura dependerá del/la músico/a. Se incluirá en la escena cuándo y dónde se acuerde con la dirección. En el cuerpo del texto se sugiere iluminación, pero no es vinculantes con el diseño final.

ENTRADA DE PÚBLICO

La música acompaña.

Se invita a los espectadores a que escriban una frase que comience con "La esperanza es..." Una selección de estas frases podrá ser leída durante la segunda invención.

INVENCIÓN PRIMERA

DURANTE LAS MANIOBRAS

Luz sobre ***Narrador****. Se oye a* ***Mujer****. Está pariendo.*

Narrador. Condado de Pondera, Montana, Estados Unidos, 1976. Una adolescente, podría llamarse Alice Cooper, está pariendo escondida en una cueva. Ha escapado de un marido violento. Días después, cuando la encuentren vagando por el bosque, dirá "Nunca perdí la esperanza. Se llama John. Mi Johnny"

Luz malva. Un refugio.

Él 2 *con un traje militar y gafas 3D.* ***Ella 2*** *en bata con un dispositivo que debería ser la evolución de un teléfono móvil.* ***IA*** *es un sintético. Están inmóviles los tres.*

Él es un militar, ella es su pareja y el otro personaje es una IA, hoy conocidos como sintéticos. Hoy es el año 2062, segundo año de la gran guerra digital. En los alrededores de las grandes ciudades se encuentran granjas de *self learning IT worms*. En el subsuelo de estas granjas, hay un espacio llamado *digital isoleringsgrotta*, habilitado como residencia para mandos intermedios del ejército.

Podría ser cualquier otro año. Cualquier otra guerra. Pero siempre será la misma esperanza la que se teje en la compañía adecuada.

Salen. Cambio de luz. Entran ***Abuelo, Él 1*** *y* ***Ella 1****. Se posicionan y se quedan inmóviles. El abuelo no se despega de una maleta. Él 1 y Ella 1 brindan con flautines de champán.*

1938. En una España en guerra, el Heraldo de Zamora publica la siguiente noticia. El día de ayer, en la pedanía de Camarzana de Tera, han sido detenidos Manuel Garrido, su nieto y la pareja de este, Rosario Cantalapiedra, hija del coronel en plaza. En el momento del arresto, la muchacha, conocida en la región por su ascendente militar, presentó la cartilla reglamentaria mientras que su pareja y su abuelo, indocumentados, han sido fichados como maleantes. Según ha sabido este diario, el arresto se produjo en una cueva en la que se hallaban escondidos. Los tres han sido puestos a disposición de las judicatura militar.

Podría ser la guerra civil de cualquier país, otra familia, otra cueva. Pero siempre es la misma esperanza la que mantiene la ilusión frente al totalitarismo.

Salen. Cambio de luz.

Viajamos ahora al Japón del siglo XVI. Su territorio se reparte entre unos pocos señores feudales. Bajo sus mandos, los samuráis mantienen el orden a cambio de manutención y techo, pero aquellos que infringen el *bushido* o ley de conducta, son encerrados en fosos por tiempo indefinido. Se los conoce como ronin.

Entra un ***ronin.*** *Camina el espacio dibujando el patrón de un pentágono.*

Este es Miyamoto Musashi, cuya espada se ha hecho popular en la provincia de Oki por eviscerar a un primo del emperador Go-Daigo cuando irrumpió en su pueblo para llevarse a los niños, entre ellos, su hijo, a servir en el palacio imperial. Sin mediar palabra, Miyamoto Musashi vacía las tripas del primo del emperador frente al pueblo cuyos representantes, ojipláticos, caen al suelo aterrados gritando clemencia.

La esperanza germina en la cara oculta de la locura.

Mientras el ronin camina el espacio se escucha la grabación en japonés del siguiente texto. Posteriormente se leerá en castellano.

Cuando se te llevaron. Cuando se te llevaron, hijo, te lloramos. Tanto te lloramos que decidimos cosernos los párpados para dejar de hacerlo. Mis ojos son peces globo flotando en peceras sin luz. La tierra chupó nuestro llanto y hoy fluye como rio subterráneo. Me tiraron a este foso con tu madre. Ella se convirtió en una lombriz. Una lombriz ciega. Y se fue. Al mismo centro de la Tierra se fue. Aprendió a hacer túneles con sus dientes y a cambiar de color para evitar a los ciempiés y a las orugas. Pero yo sé que está llenándolos de orines para que la encuentre y vivamos felices lejos de aquí. Voy a hacer una caña para pescarla poniendo tu nombre como cebo. Tan dura será la caña, que cortará el suelo como la manteca, tan profunda la introduciré, que herirá de muerte al manto que se abrirá en dos. Entonces me lanzaré a nadar en su sangre hasta dar con ella. Entonces llenaré de esperma el túnel en el que se esconde y te traeremos de vuelta. Entonces serás otro y nuevo. Una, mil veces.

La esperanza vive donde lo demás muere.

Sale el ronin. Cambio de luz. Entran ***Él*** *y* ***Ella****.*

Ella lleva un peluche con forma de pájaro. Es de su hijo. No se quita el abrigo y eso que en este refugio hace un calor sofocante. Él está en mangas de camisa comprobando una y otra vez la estanqueidad. Varsovia, marzo de 1940. Hace seis meses que los nazis han invadido Polonia. En el subsuelo, unas pocas familias encuentran refugio en sótanos cegados que abren de madrugada para renovar el aire. Esta, podría ser la familia Kowalski, Hanna y Jarek.

Salen. Cambio de luz. Se cambian y entran los ***soldados*** *y la* ***mujer gato****.*

Por último, conozcamos la historia de la mujer gato.

Dos Hombres desfilan como soldaditos de plomo de un lado al otro del escenario. Hablan entre ellos en un idioma irreconocible, notoriamente falso, mientras una Mujer gato, se mete en su espacio de manera sibilina y maúlla.

Mujer gato. Miau.

En febrero de 2020, medio mundo estaba confinado y Luna Vargas, autora hondureña de cuentos, escribe una colección de relatos que publicará bajo el título "Los gatos nos hacen mejores". Uno de estos relatos "La gatita Sandokan quiere mucho más que pan" habla de una partisana que se hace pasar por gato para meterse en la cueva donde dos soldados del reino esperan al combate.

La esperanza, veremos, es indivisible de la luchar por la justicia.

Salen. Luz fría. Entran Abuelo, Él 1 y Ella 1. Un refugio.

*El **Abuelo** no se despega de una maleta. **Él 1** y **Ella 1** brindan, el abuelo no.*

Él 1. Han pasado de largo. Levanto mi copa...

Abuelo. No deberíamos estar aquí.

Ella 1. No sea desagradable abuelo. Escuche a su nieto y beba con nosotros.

Abuelo. Zúrceme el guante que quiero subir.

Él 1. ¡Abuelo!

Ella 1. No tenga miedo, ya están lejos.

Abuelo. Toma esta mierda. ¡Beberé cuando no quede ni uno!

Él 1. ¡Pueden oírnos, abuelo! Baja de ahí.

Abuelo. ¡Y seré yo quien los mate!

Ella 1. ¡Por Dios! Bájalo. ¡Lo van a oír!

Abuelo. ¡Me importa un pito! Aquí dentro llevo lo que se merecen. Súbeme y se lo meto por el culo hasta que revienten.

Ella 1. Haz algo, por favor.

Él 1. Si no quieres no bebas, pero cierra la boca ¡Por su retirada!

Abuelo. ¡Se digno de tu apellido!

Ella 1. ¡Por su retirada!

Abuelo. ¿La de tu papá y los suyos, bonita?

Él 1. Por nosotros.

Se oyen maniobras.

Abuelo. ¡Ja, ja, ja! ¡Subimos ya!

Él 1. ¿Qué turno tienes?

Abuelo. ¡Y luchamos, carajo!

Ella 1. De mañana.

Abuelo. ¡Que subimos, carajo!

Él 1. ¿Te lleva tu primo?

Abuelo. ¡O me subes o te comes el guante, cojones!

Narrador. Cambio de luz. El ronin hace un muñeco con trapos. Habla con él. En una televisión. Imágenes de guerra.

Ronin. Cuando el calor venía del cielo, tu madre jugaba con su sombra y la luz le atravesaba la barriga. Su ombligo proyectaba un arcoíris. Tú jugabas a ser un salmón saltando entre los colores. Ahora el calor viene del suelo, hijo, de este suelo salado al que le faltan tus pies. La superficie se convirtió en un campo yermo donde patrullan ciempiés y orugas que se meten en los túneles para cazar lombrices. Y comérselas. Con sus manos y su boca, tu madre abrió otra grieta dentro de esta y luego otra, y otra. Y otra. Y se fue. Y creí que la vida se había acabado y no se había acabado. Y te pensé. Y la esperanza volvió. Y hoy me como toda la tierra del mundo hasta llegar a tu madre y hacerte de nuevo. Y juntos navegaremos en un barquito de bambú.

El muñeco lo mira. Salen. Entran ***Él 2*** *con un traje militar y gafas 3D.* ***Ella 2*** *en bata y con un móvil.* ***IA*** *inexpresivo.*

Ella 2. ¿No te cansas, bebé? *Let´s see a movie instead, ok?*

Él 2. Quita.

Ella 2. Me aburroooooooo... Ya no te excito.

Narrador. Le quita las gafas.

Ella 2. *Yes?...* vamos a jugar, *you and I,* sin gafitas.

Él 2. ¡El simulador de campo no es un juego!

Ella 2. El-simulador-de-campo-no-es-blablablá-prrprrprr. Vamos, que estoy muy cachonda, bebé. ¿Te gusta esto?

Él 2. ¿Lo notas?

Ella 2. ¿Lo notas tú?... ¡pero mírame, coño!

Él 2. ¿Qué tienes, quince años? Tráeme algo de beber. *Shadow, wake up.*

Narrador. El sintético sale de hibernación.

Él 2. Los niveles de oxígeno están hoy *quite low. Go and check out the carbon dioxide.*

Narrador. Le pide que salga y compruebe los niveles de dióxido de carbono porque los niveles de oxígeno están bajos.

Ella 2. *Please.*

IA sale.

Ella 2. Trátalo mejor, bebé. *With kindness, yes? Like this.* ¿Crees que se da cuenta?

Narrador. Quiere que lo trate mejor, con amabilidad.

Ella 2. ¿Crees que se dará cuenta?

Él 2. Es vieja, pero esa sombra va sobrada de sensores. Si el dióxido está alto lo notará.

Ella 2. No me refiero a eso... *You know.*

Él 2. *No, I don´t know.* Quita. Y tráeme algo de beber.

Narrador. Se pone las gafas de nuevo.

Ella 2. ¿Cuándo nos trasladan a la superficie, bebé? No se pueden hacer directos desde aquí. Ayer, vi unas hormigas... ¡así!

Él 2. Las pisas.

Ella 2. ¡Qué asco!... ¿Bebé?... ¿Cuándo subamos se vendrá él con nosotros?

Él 2. *My shadow? It follows the captain wherever he goes.*

Narrador. La sombra sigue al capitán donde vaya.

Ella 2. *Captain, yessss.*

Él 2. *(Se quita las gafas) Meaning*?

Narrador. ¿Qué quieres decir?

Ella 2. No me gusta que lo trates así, *captain.*

Él 2. ¿Así?

Ella 2. No me gusta que lo trates mal. *That´s all.*

Él 2. *Like this*?

Ella 2. ¡Quita! Me voy a dar una ducha. Ponte tus gafitas... ¡que no, que ahora no quiero!

Él 2. Nos quedamos aquí hasta que el mando diga que subimos. Y entonces subimos y nos callamos. Y tú me traes algo de beber de una puta vez.

Ella 2. ¡Te callas tú, y te traes tú la bebida, coño ya! ¡Y yo no piso hormigas!

Él 2. Tú haces lo que tu capitán te mande. Y ahora te ordena que te duches.

Ella 2. ¿Perdona?

Salen. Cambio de luz.

Narrador. Dos soldaditos desfilan. Dos soldaditos sonríen. Hablan de sus cositas. Y ellos, ríen, y ríen. Un gatito entra, Un gatito llega al hogar. Ronronea, ronronea, ¿ese gatito quién será?

Ruido de maniobras. Los soldados desfilan, hablan, ríen, miran al gatito.

Mujer gato. Miau. Beta veintidós a alfa treinta y tres, ¿habéis sido vosotros? ¡Qué susto! Atención, ¡la infiltración ha sido efectiva!, las pulgas han pasado por el aro, jajaja. Son pulgas de circo, ¿entendéis? Se han creído que soy una gatita, jajaja. Miau, miau. ¡Atención!, por cómo desfilan creo que tienen un rango por encima del once. Será un golpe severo a su infraestructura. Jajaja. Dos pulgas menos. Transmitan a la población libre la fortaleza generadora de esperanza que posee a beta veintiocho emboscada tras las líneas enemigas disfrazada de gata. Acabaremos con el opresor, ¡bugabuga!, cambio.

Espero no reírme cuando llegue el camarada omega nueve disfrazado de general. Cuando le abran la puerta, verán su gorra con cuatro estrellas de ocho puntas y entonces, jajaja, ... no, de ocho estrellas de cuatro puntas... bueno, da igual, y entonces, ¡bugabuga!, sus ojitos de pulga de circo se llenarán de lágrimas de pulga y se cuadrarán para decir "¡Un general! ¡Maniobras, maniobras!" como sea que se diga en la sucia lengua de las sucias pulgas, y, jajaja, se estirarán esos uniformes en los que me he meado al entrar. ¡Sí! ¡Ellos recibirán lo suyo de manos del camarada y yo saquearé su nevera! Jajaja. Me muero de hambre. Cambio.

Díganle al camarada omega siete que se esconda un bocadillo de boquerones debajo de la gorra. Claro que cuando me lo acabe, saquee la nevera y me quede sola,

¿quién dará de comer a Sandokan? Sandokan quiere algo más que pan. ¡Atención!... ¿lo han visto? ¡Ay, que caricias!, ¡ay como me tratan!, como si fuera su gatito amoroso. Ay que me muero de amor. Ahí está mi platito de agua, mi platito de comida, oh, atún. Alfa trece, treinta tres, Sandokan no defraudará a la resistencia, ¡pero estas pulguitas son tan simpáticas!

Ruido de maniobras.

Alfa trescientos, ¡Ha pasado tanto tiempo desde mi infiltración que he olvidado mi misión! Estoy, miau, miau... estoy *azpiletrona* y el hambre me nubla el saber y la *depirencia*. Sandokan, alfa tres, es muy buena en cosas de infiltración *itocastica* y es muy mala gestionando su apetito. ¡Reconozco que engañé en las pruebas de acceso a la, miau, resistencia, presumiendo de valentía, pero es una mentira *milonica* y cochina! Sandokan es una gatita con garras, pero hombre, así de repente, verse en una misión de este calibre, miau. Se me exigen mucho, pero, miau, mucho. Si me quedo sola, no hay miau, miau que valga, y no hay, miau, latitas y sin miau, ni latitas, no hay, miau, misión, ¡no hay bugabuga! ¡Misión fallida, me miau, miau, oyen, miau, no podré, miau, llevar la esperanza a, miau, solicito, miau, rescate *pestibulónico*! Miau, digo, miau, cambio.

Los soldados calman a la gata y esta se tranquiliza.

Miau.

Salen. Entra el ronin. Un sótano. Luz tenue.

Ronin. Entonces se te llevaron por segunda vez. Entraron en esta grieta y te arrancaron de mis brazos. Me llamaron héroe y me dieron una medalla. "Con estas latas haremos cien puntas de flecha", dijeron.

Cuando se te lleven por tercera vez, te usarán para taponar heridas y te teñirás de rojo. O sellarás ingenios y te empaparás de aceite. Pero antes de que suceda, quiero enseñarte a hablar. Tan bajito hablaremos, que parecerá que nos comunicamos con el pensamiento.

Quiero que cuando me pienses digas papá.

El muñeco lo mira.

Llegas a un mundo en el que las cosas se piensan, pero no se dicen. Este aire se recicla, sus máquinas extraen las palabras y cuando llegan a la superficie, las colocan en el orden que les interesa. Yo te enseñaré cosas. Qué son el Sol, el viento y los ríos.

El muñeco ve la televisión o la proyección y arrastra al ronin.

Ya habrá tiempo de eso, hijo. Di pa-pá. Pa-pá.

Una voz en off desde la TV (Narrador) dice "Es en tiempos de adversidad cuando más necesitamos unirnos y encontrar consuelo en los mandos" El muñeco lo mira. Quiere poner una venda al muñeco en los ojos, pero no se deja.

¡No seas cabezota!, ¡ven aquí!... ¡que vengas!

Se oyen maniobras.

No te asustes. Antes era la estela de los pájaros la que enhebraba las nubes y no la de las bombas. Un pájaro es alguien como tú, pero que vuela. Una nube es una esponja que flota suspendida por hilos invisibles. El viento es el soplar de los dragones. Todo eso te enseñaré.

Una voz en off desde la TV (Narrador) "Es en tiempos de adversidad cuando más necesitamos de la unión" El muñeco lo mira y repite.

"U...ni...ón"

¡No!, ¡no! Pa-pá... ¡pa-pá!

Llaman a la puerta.

Sale. Cambio de luz. Refugio.

Narrador. Entra una mujer con un peluche gastado. Camina nerviosa. No se quita ese abrigo. El calor es asfixiante. Su marido en mangas de camisa arregla grietas, comprueba la estanqueidad de su espacio.

Ella. ¿Sabemos algo?

Él. Esto está bien.

Ella. ¡Sal a buscarlo!

Él. No hay fugas.

Ella. ¡No me importa, sal a buscarlo!

Él. Con un refugio como este no hay que perder la esperanza.

Ella. ¿Qué dices?

Él. Estos trasteros se hicieron a conciencia.

Ella. Mi pobre niñito.

Él. Seguro que donde está tiene agua corriente, seguro. Tenemos que ser fuertes y no imaginar porque tú tiendes a imaginar cosas. Venga, cántame algo.

Se escuchan maniobras.

Ella. ¡Están aquí!

Él. Pero canta bajito, ya sabes, por si acaso.

Ella. ¿Qué estás haciendo?

Él. ¿Quiere la señora bailar *avec moi*?

Ella. ¡No seas ridículo! ¡Ponte el abrigo y sal a por tu hijo!

Él. Aunque esa pared me preocupa.

Ella. ¡Que salgas de una vez! Lo van a... tú... Pero ¿qué haces? ¡Levántate!

Él. Y eso que tiene doble capa de cemento. Estos trasteros se hicieron a conciencia.

Ella. ¡Cobarde! Mi pobre niñito. Todo es culpa tuya. ¡Tuya! ¡Vamos, gallina, vamos!

Él. ¡Te recuerdo que estás hablando de mi hijo!, ¡mío! ¡El tuyo se murió!

Oscuro. Salen. Luz. Entra Ronin. Refugio. Llaman a la puerta.

Ronin. "¿Quién-es?" / ¡No hables! / "¿Quién-es?"

Se escuchan ruidos y voces en el exterior.

¡Nos han encontrado! Haz lo que yo te diga (*Grita a la puerta)* ¡En la unidad del emperador está la salvación y a la salvación llegamos bajo su mando!

Golpean la puerta hasta que consiguen romperla.

"¡No cre-e en la co-mu-ni-dad! Es un ronin" / ¡Hijo!

Sale. Luz fría. Refugio.

Él 1. Guarda eso abuelo, que te vas a hacer daño. Dame... ¡Que me lo des!

Abuelo. Cagao.

Ella 1. Mi primo está esperándome, tengo la cartilla, no me van a decir nada. Me voy ya.

Él 1. Vuelve directa.

Ella 1. Que sí.

Abuelo. ¡Llévate el matarratas y se lo echas a los ojos del primer flecha que veas!

Ella 1. ¡Pero abuelo!

Abuelo. Pues bébetelo tú, niñata.

Ella 1. Muchas gracias.

Abuelo. Te las metes por tu culito de cagada ¡Nieto, sube y cumple! Yo a tu edad...

Él 1. ¿Qué?

Ella 1. Me voy, pero volveré porque el señor querrá cenar, ¿verdad?

Él 1. Vete ya.

Abuelo. Yo a tu edad no les apartaba la mirada. Disparo. Justicia. Y a por otro. Esperanza, nieto, no sumisión.

Él 1. Yo subo más tarde, abuelo, subo y los vigilo.

Abuelo. Yo a tu edad no les dejaba respirar dos veces.

Él 1. Encontraré un trabajo, los vigilaré, me llevaré el matarratas...

Abuelo. ¿Un trabajo? ¿Quieres trabajar como esta, doblando uniformes de los amiguitos de su papá? ¡Chupándoles el culo! Nosotros no chupamos culos.

Él 1. ¡Ya está bien!

Se oyen voces fuera.

Él 1. ¡Silencio! ¡Ahí hay alguien!

Salen. Entran Él 2, Ella 2 y Ello. Cambio de luz. Refugio.

Ella 2. ¡Que me dejes, coño!

Narrador. Él se pone las gafas del simulador de campo.

Ella 2. Y así se arreglan las cosas. Mani-putas-obras.

Él 2. Amor mío, hazte una mascarilla, te haces las uñas y me dejas tranquilo un mes.

Ella 2. Estoy a cien y tú pensando en juguetitos de guerra. ¿Prefieres esas gafitas a esto?

Él 2. ¿En serio?

Ella 2. Qué desagradable eres. No te das cuenta de que aquí todo es... huele mal, ¡mírame el pelo! No me gusta estar aquí. No me gusta nada de esto, no me gusta que nos vea... *you know. Just that.* Vámonos.

Entra IA.

IA. Niveles de reciclado estatatatatatatatatatata...

Ella 2. ¡Páralo!... ¡Que lo pares! *Stop him, please!*

Él 2. *It! Stop it*

Ella 2. ¡Páralo!

Narrador. Se quita las gafas. Lo reinicia.

IA. Niveles de reciclado estatatatables.

Él 2. Menuda mierda que me han colado contigo, amiguito. Eres una sombra que no le serviría ni a un cabo furrier. ¿Será esto que te sobra?

Él 2 arranca un brazo a IA.

Ella 2. ¡Ahhhh!

Él 2. Cuando brillen estrellas en este pecho, te cambiaré por una buena, una sombra de combate con ojos rojos y dientes de acero.

Ella 2. ¿Qué pretendes?

Él 2. Por lo menos es obediente. Aunque no es obediencia, se llama programación. *Am I right*?

IA. *Always.*

Ella 2. Me haces daño.

Él 2. Pero estás desfasado, ¿verdad?

Ello. Mis sensores son de quinta generación.

Él 2. *Fifth gen. Wow!*

Ella 2. *Let me go... now!*

Él 2. Sí, mejor ve a ducharte, guapa. Y tú desconéctate. Ves qué fácil.

Narrador. Siempre es fácil.

Él 2. Una simple orden que se cumple. ¿Por qué?, porque es un puto amasijo de cables, no piensa.

Ella 2. No hay quien te aguante, soldadito.

Él 2. *To you, I´m a fucking captain, you hear me? Don't you ever call me soldier again. You better be careful, sweetheart.*

Narrador. Para ti soy un puto capitán, ¿me oyes? No vuelvas a llamarme soldado en tu vida. Ten cuidado, cariño.

Ella 2. *You obey. You do as you´re told to do. How are you any better?*

Narrador. Tu obedeces. Haces lo que te dicen que hagas. ¿En qué eres mejor?

Él 2 le pega una patada a la IA.

Él 2. ¡No te conviene olvidar quién soy!

Le arranca el otro brazoo.

Un puto amasijo de cables de quinta generación.

Ella 2. *Leave him alone!*

Narrador. ¡Déjalo tranquilo!

Ella 2. ¿Eh? Espera.

Él 2. ¿A qué?

Ella 2. ¡Espera!

Él 2. ¿A qué, guarra? ¿A que me vaya?, ¿con qué te va a tocar ahora esta sombra?

Salen. Luz tenue. Ruido de maniobras en aumento.

Narrador. El hijo-muñeco de trapo del ronin fue adoctrinado en palacio. Ahora es un soldado. Luz en patio de butacas.

Muñeco. "¡Familias de la corte imperial! *(Vítores)* "Nos encontramos en un momento delicado, en unas maniobras que definirán el futuro de nuestro gran emperador. Su fortaleza reside en vosotros, en la unidad y la en la dis-ci-pli-na. Somos familia y en mi familia, la que elegí, vosotros... *(Vítores)* ... la obediencia es la llave de la victoria. Sin esta, solo hay caos. Por lo tanto, a la menor duda, ¡denuncien!, a quien no piense como nosotros se lo denuncia. Si saben de alguien que ría sin motivo, ¡denuncie! si saben de alguien que susurre, conspira y si conspira, ¡denuncie! Si su hija trae a casa a alguien de color, ¡lo golpea y lo denuncia!, si conocen algún desviado, por Susanoo-no-Mikoto, dios del mar y de las tormentas, denuncien a esa mala hierba, si saben de disidentes, al foso con ellos ¡Y si su vecino no tiene plantas en su terraza, por el mismo Hachiman, kami de la guerra y protector de los samuráis, mátenlo!" *(Vítores)* No olviden lo que protegemos, la pureza frente a mestizajes impíos. Somos el bastión frontal de la familia imperial. ¡Somos futuro! Familia, ¡maniobras! La recompensa es inmensa ¡Por el emperador!"

Vítores. Sale el soldado con el muñeco. El ronin comienza a hacer un agujero.

¿Me oyes?

Narrador. Una mano aparece desde el suelo. Habla con ella.

Ronin. Se lo han vuelto a llevar. Se ha convertido en uno de ellos. Llévame contigo. Hagamos una niña. Una niña lombriz de ojos grandes que huela a melocotón.

Se mete en la tierra. Cambio de luz verde. Refugio. Entran Él y Ella. Ruido de maniobras en aumento.

Ella. ¡Canalla!

Él. ¡Estarás orgullosa de mí!

Ella. ¡Ese niño es tan mío como tuyo!

Él. ¡Mañana traigo una tubería y monto un grifo! Tendremos agua.

Ella. ¡Más mío que tuyo!

Él. Y cuando vuelva se podrá lavar. Y saldremos a cenar.

Ella. Nunca lo quisiste.

Él. A un restaurante caro, no te pienses.

Ella. ¡Lo has matado!

Él. ¡Verás la de besos que nos da!

Ella. Mi pobre niñito.

Él. Hace calor. *(Se sienta).*

Ella. Salgo a por él. *(Se sienta).*

Él. Juntos podemos con todo. No pueden... ellos... bien sellado... Saldré luego.

Ella. Ya voy yo.

Él. Los tres juntos.

Ella. Cobarde.

Él. Pero hay que tener prudencia.

Ella. Mi niño bonito.

Él. Cenemos. Después salgo a por él. Oh, bueno, claro, comprobaré todo de nuevo antes de salir. Quiero que estés tranquila. Regresaré con él. Hoy salmón, joder, hay que celebrar que los tres estamos bien. Cuando esté hecho, me avisas y voy a despertarlo. Está cansado de jugar en el parque. Creo que se quemó con el Sol.

Ella. ¿Está muy dormido?

Él. Y abrazando a ese muñeco sucio que le regaló tu madre.

Ella. Es un pájaro.

Él. Ya no tiene edad para eso. Tendrás que hablar con tu madre, lo mima demasiado.

Ella. El domingo vamos a verla.

Él. ¿Le gusta el salmón?

Ruido de maniobras.

Salen. Entran Él 2 y Ella 2. Cambio de luz. Refugio. Puede que ni se los oiga por el volumen de la música, pero tienen el siguiente diálogo.

Él 2. *Do you think that your captain is stupid?* ¿Que su sombra no está programada para decirle lo que le obligas a hacerte? ¡Es una máquina, por Dios, me das asco!

Ella 2. ¡Déjame tranquila, o te denuncio!

Él 2. ¡Te recuerdo que soy capitán de las maniobras del frente oriental!

Ella 2. *Go to hell!*

Narrador. Ya no se los oye. Los cuerpos, después de un encuentro violento, acaban reconciliados aun cuando la música continúe siendo estridente. Ella sale. Él sale detrás desnudándose. El sintético mira al público. Y sale.

Entran los soldaditos de plomo. Bailan con su gatita mascota. Ella ronronea y no deja de comer.

Mujer gato. Miau, miau.

Ruido estrepitoso. Oscuro súbito. Silencio.

INVENCIÓN SEGUNDA

PIEZA PARA VOCES ALEATORIAS Y PIANO.

SOY MANIOBRAS / SOY ESPERANZA

Las frases serán leídas por los intérpretes. Cada frase está escrita en una hoja y una vez dicha, se desharán de ella. Al terminar, podrán leer alguna de las frases del público. El orden podrá ser aleatorio, según salgan de dos urnas; en una las frases que definen las maniobras, en la otra las de esperanza. También podrían leerse como están escritas, primero las que definen las maniobras y después las que definen la esperanza.

La música acompaña según indique dirección.

Soy maniobras.

Soy encuentros con desconocidos de dientes amarillos y cloroformo en pañuelos.

Soy pasillo sin barrer de hospital veterinario.

Soy niños sucios jugando al futbol con cabezas de cabras.

Soy la espera que quema, desgasta, divide, distancia.

Soy quien ayuda a los necios a ocultar su sombra bajo la lengua. Y luego te besan.

Soy biberón de arena caliente de litro y medio.

Soy volcán de termitas.

Soy palillo de pincho rancio en bar de carretera secundaria.

Soy río de sapos con patas de araña.

Soy la madrugada de familias dormidas bajo los escombros.

Soy quien provoca abortos a madres esperanzadas.

Soy el fuego que corre por las venas de tus hijos con la nariz blanca.

Soy un nublo que hace que los cuervos arranquen los ojos de tu bebé.

Soy canción para sordos, cuadro para ciegos, beso para

muertos.

Soy gas flotando bajo las sotanas negras de curas con ojos de huevo y saliva espesa.

Soy mansión de político populista, marioneta descabezada.

Soy una mujer sin bragas adicta al fentanilo.

Soy los gritos de polizones encadenados a barquitos de papel.

Soy el disfraz de los hipócritas con corbata y asiento en el congreso.

Soy pastel de avispas para el cumpleaños de tus hijos.

Soy la cría de la cucaracha masticada por el grillo.

Soy la hierba pisada por cerdos copulando.

Soy la banderilla afiladísima que atraviesa el lomo del toro de ojos tristes.

Soy un techo mohoso de una casa que babea rocío.

Soy las trampas de sombras para niñitas de aldea con pelito cortito.

Soy los patios de juego con forma de ataúd para niños sin suerte de una franja.

Soy la bruja que engaña a tu hijo para que se haga *TikToker*.

Soy la espada que cercena la protección social.

Soy un pezón tatuado con un colmillo de jabalí.

Soy el olor a urinario sin puertas de parque público.

Soy la rabia imperialista.

Soy cementerio.

No soy nada. Soy tanto que no soy nada.

Maniobras.

Soy esperanza congelada.

Soy. Espera. Esperanza.

Soy Esperanza.

Soy lo que vendrá, siempre mejor que lo que queda.

Soy contigo y contigo somos.

Soy el espacio que llena lo que no somos.

Soy trigo dormido cubierto de escarcha esperando al Sol.

Soy viento.

Soy gorrión con alas de letras que sacuden poemas.

Soy el hilo que cose los pedazos de cuerpos rotos por las guerras.

Soy una vela encendida más alta que el edificio más alto.

Soy lo que queda del sueño.

Soy la carta sin fecha ni destino que siempre llega a tiempo.

Soy la rana que se hincha sobre el nenúfar y vuela como un globo aerostático.

Soy puente de luz que pasa por encima de los miedos.

Soy gotas de lluvia que dan de beber a pantanos secos.

Soy la grieta en el cielo plomizo de la que se escapa la luz.

Soy promesa trenzada con paciencia.

Soy la música que sacude tu cabeza y cae a tus pies para que bailen.

Soy el semáforo que regula un cruce sin coches.

Soy la persistencia de la imaginación frente a la incertidumbre.

Soy el arte de seguir creyendo sin tener respuestas.

Soy mariposa con alas toldo que te protege del Sol.

Soy aceptar que no hay nada escrito.

Soy dramaturgo.

Soy tinta de un poema.

Soy poesía.

Soy contigo.

Soy esperanza.

INVENCIÓN TERCERA

TEXTO CON ACOMPAÑAMIENTO DE PALMAS Y CAJÓN

Narrador. Tercera invención. ¡La clase!

Los intérpretes se disponen como si estuvieran en clase. Dan la espalda al público.

Profesora. ¡Niños! Soy vuestra nueva profesora de arte.

Todos. ¡Ole qué arte!

Profesora. Lección de hoy. La esperanza. Entendamos la sociedad.

Uno ole de los alumnos después de cada afirmación

Profesora. Universo de pantallas múltiples / Exhibición lujuriosa / Posverdad impúdica / Banalidad en los medios de comunicación / Lo que pasa, pasa solo si está de moda / Pérdida de referentes ideológicos / Trazo grueso del entretenimiento / Consumo devastador / Teatralización de la vida cotidiana / Culto al éxito / Entronización de la apariencia / Mentiras / Mentiras / Mentiras que de tanto serlo son verdades.

Pausa.

Pero hay esperanza. ¿Puede el arte guiar vuestra vida? Mi esperanza es que os la condicione, queridos niños, que seáis capaces de despegaros de la brutalidad del mundo que os dejamos. Tenéis que vencer la anestesia a la que os sometemos, liberaos de maniobras que os esclavizan. ¡Hay que tomar posición y, si es preciso, violentar! Tenéis que haceros preguntas y no aceptar verdades ajenas sin cuestionarlas. ¿No queréis un mundo mejor?

Todos. Si, seño.

Profesora. Entonces no entendáis la esperanza como ese optimismo superficial que os venden los mayores, no, la esperanza es la capacidad de preguntaros por futuros distintos, mejores. Es lo que hacen en los teatros.

Todos. ¿Quiere que seamos actores, seño?

Profesora. Quiero que os hagáis preguntas. El teatro sirve para hacer y hacerse preguntas.

Niño gafotas. ¿Significa eso que los que trabajan en el teatro tienen esperanza?

Profesora. Significa que no la entienden como una espera pasiva de que las cosas mejoren. Inventan futuros, no aceptan someterse a maniobras ajenas. Huyen del veneno social disfrazado de fogones e islas paradisíacas.

Todos. Tener esperanza es imaginar que puedes conseguir lo que quieres.

Niño gafotas. Entonces, seño, tenemos que imaginar y pensar mundos mejores. Si lo hacemos todos, se generan corrientes de actitud fraterna, ¿verdad, seño?

Los demás niños. ¡Pelota gafotas!

Niño gafotas. Podremos imaginar futuros con igualdad, con justicia y sin odio. Tiene que haber un mundo mejor, ¿verdad, seño?

Profesora. Muy bien Teófilo. Y pensamientos como el tuyo nacen en templos de imaginación como los teatros.

Todos. Pero los llaman perroflautas.

Profesora. Y más. Les dicen, estudia y déjate de teatro. Trabaja. Sé productivo. Suma. Y no entienden que imaginan futuros que convierten en realidad. Las maniobras ajenas no los reducen a máquinas productivas.

Niño gafotas. La esperanza es el espacio de lo inédito.

Profesora. Por eso hay miedo a pensar en el futuro, Teófilo. Hacedlo, alumnos. Desterrad el miedo, ¿qué tenéis que perder? La esperanza es el motor del cambio. Si compartís este pensamiento, está en vuestras manos cambiar el rumbo de una sociedad dormida y dominada por quienes nos etiquetan por la expectativa de consumo, participación social o éxito individual. Una esperanza prostituida que pertenece a un mundo gris.

Todos. La esperanza es resistencia.

Profesora. Para crear, inventar y transformar. Salid de la matrix. Implantad la fraternidad, mis queridos alumnos.

Pero no rechacéis las maniobras, rechazad los bandos. Porque tengo esperanza de que entendáis que el único futuro viable es uno en el que las maniobras nos sirvan para construir juntos un mundo mejor. Venced la anestesia que os impondrán. Decid no a lo que os regalan. Participad. Sed nuestra esperanza.

INVENCIÓN CUARTA

Narrador. Invención cuarta. Les pregunto, ¿qué pasa con los personajes de las obras de teatro? ¿Tienen ellos esperanza de futuros mejores, en donde puedan expresar su voz verdadera? Porque los actores y actrices dicen lo que está escrito, faltaría más, pero los personajes, que, como sabemos, tienen entidad propia, muy pocas veces oyen expresar su verdadera voz. Para tratar este tema, tenemos con nosotros a un personaje que ha aparecido en obras de teatro de distintos autores en distintas épocas: el domador de circo. Le hemos dado la oportunidad de expresarse en un segundo plano mientras es poseído por un actor en formación. Los estudiantes son sencillos de disociar, no entienden aún el proceso de la creación. Pero antes de darle paso para ver qué tiene que decirnos, déjenme pedirles algo: como público, respeten siempre a los personajes. Es una especie generosa. Permiten ser poseídos por todo tipo de energúmenos con aspiraciones a salir en series y ser famosos. Hay personajes brillantes, inteligentes, maestros de la vida, pero está en su naturaleza, en su esencia, sufrir maniobras en las que se convierten en testigos pasivos incapaces de rebelarse ante posesiones de intérpretes mediocres. Bueno, sin más, con todos, Andrés, el domador aragonés.

Música de circo. Sale un domador con un látigo.

Andrés. ¡Maniobras a mí!, ¡alehop!

Aplausos.

Gracias por la ocasión, narrador. En francés, orgasmo se dice *Petit mort*, una experiencia tan intensa que provoca una sensación de pérdida temporal de conciencia. Con todos mis respetos, es lo que le está sucediendo al estudiante que me posee. Como ven, se está moviendo mucho. Y como se siga moviendo así me va a romper el brazo. Verán, como ya les ha explicado el narrador, a nosotros, los personajes, nos toca vivir la *petit mort* de los intérpretes y, aunque sus orgasmos suelen tener lucidez plena, este chaval no sirve. Y no es un caso aislado, pocos actores nos entienden. ¿Dónde queda nuestra dignidad? Maniobras de tiranos energúmenos. Ya no se nos estudia. Se aprende lo que decimos, pero no se estudia por qué. Todos buscan el aplauso, el *like*. Y terminada la obra, al cajón y ellos la gloria. No se engañen, los intérpretes no son héroes luchadores con esperanza de cambiar algo, son unos tiranos fascistas. Entiéndanme, no todos, pero muchos sí. Ustedes lo tienen fácil, controlan sus vidas. ¿Pero se imaginan vivir en un cajón y cuando te sacan someterte a lo que alguien quiere que hagas?, ¿se imaginan ser marionetas?

*Entran **Uno** y **Dos.** Dos payasos.*

Uno. ¿Qué tal todo?

Dos. Muy bien y tú, ¿qué tal todo?

Uno. Todo bien. ¿Tú qué tal?

Dos. Todo bien, tú, ¿todo bien?

Uno. ¡Estoy aterrizando!

Dos. Y yo, y yo. ¡Pista, pista!

Uno. ¡Ay que nostalgia! Mi intérprete era bobo, pero simpático.

Dos. La mía también. Qué bobería. Que nostalgia.

Uno. Yupi.

Dos. ¡Y yo también! Yupi

Uno. Sí, claro, pero... ¿ahora?

Dos. ¿Ahora?

Uno. Sí, ¿ahora qué?

Dos. Ah, ahora, ahora qué. ¿Ahora qué?

Uno. Hacemos el payaso.

Dos. ¿Porque somos payasos?

Uno. Claro, somos payasos.

Dos. Viva los payasos.

Uno. Ja, ja, ja.

Dos. Je, je, je.

Uno. Toc, toc, toc.

Dos. Mec, mec, mec.

Uno. Jo, cómo nos lo pasamos los payasos.

Dos. Jo, macho.

Uno. Pero payaso, tu risa suena melancólica. No sufras. Un día nos mostraremos como somos de verdad los payasos, payasos.

Dos. Super pachachos.

Uno. Ja, ja, ja.

Dos. Je, je, je.

Uno. Toc, toc, toc.

Dos. Mec, mec, mec.

Uno. No, de verdad.

Dos. Ya me olvidé. Me voy encontrando. El payaso melancólico. Ya me recuerdo. Aterricé. El payaso filósofo.

Andrés. Así es. A nosotros, los personajes, decir lo escrito nos plantea una paradoja, porque lo escrito nos define y quien nos define nos oculta. Todo payaso es filósofo y pocos lo ven. Y no te quejes que vuelves al cajón porque no van a entender la obra. Quizá esto que están oyendo les extrañe, pero existimos. Es más, estamos más vivos que muchos de ustedes.

Uno. ¡Qué bien!

Dos. ¡Qué bien!

Uno. ¡Qué chupi bien!

Dos. ¡Qué chupi bien! Oye.

Uno. Oigo.

Dos. Olvidarse de lo que pasó, es dejar atrás el pasado.

Uno. ¿Confucio?

Dos. Es más, payaso Uno, ¿se puede dejar atrás el futuro?

Uno. Uy que payasada.

Dos. ¿Pueden payaso Uno y payaso Dos dejar atrás el futuro?

Uno. Pero hombre, payaso Dos, podemos porque nuestro futuro es nuestro pasado así que dejarlo atrás es dejarlo para más tarde.

Dos. ¡Qué profundo, qué profundo! La obra terminada, maniobras terminadas y nosotros al cajón a hacer lo que sabemos.

Uno. ¡El payaso!

Dos. El pachacho.

Uno. Ja, ja, ja.

Dos. Je, je, je.

Uno. Toc, toc, toc.

Dos. Mec, mec, mec.

Uno. Y a filosofar.

Dos. Yupi.

Uno. Como nos lo pasamos los payasos filósofos.

Dos. Somos personajes de raza.

Uno. El payaso de raza es un ser inmortal.

Dos. Jo, que profundidad.

Andrés. ¿Qué sitio es este?

Uno. El infierno de los payasos.

Dos. No lo asustes, que es nuevo. Estamos en un cajón. Y tan ricamente.

Uno. Hasta que vengan a jodernos la marrana.

Dos. Lo que mi amigo quiere decir es que estamos aquí tan ricamente hasta que nos usen de nuevo, aquí, como pajaritos volando dentro del cajón. Pio, pio, pio, pio.

Uno. Pio, pio, pio, pio. Ja, ja, ja.

Dos. Je, je, je.

Uno. Toc, toc, toc.

Dos. Mec, mec, mec.

Uno. ¿Tú quién eres?

Andrés. Soy Andrés.

Uno. Yo soy payaso Uno, amigo, ¿por qué me miras así payaso Dos, lo has olvidado?

Dos. No, perdona, no me acordaba, pero ahora ya me acuerdo. De quien no me acuerdo es de mí. Tengo problemas de identidad. Tengo jet lag.

Uno. Tú eres payaso Dos, amigo.

Dos. ¿Y somos eso, amigos?

Uno. Desde hace tanto que ni me acuerdo, amigo.

Andrés. Yo soy Andrés.

Dos. ¿Será posible? Si te dijese que lo he soñado, ¿te lo creerías?

Uno. Me lo creería. Yo también sueño.

Andrés. ¿Qué es soñar?

Uno. Mira este. Tiene nombre, pero no sabe qué es soñar.

Dos. Míralo.

Uno. Ya, ya, ya lo estoy mirando, te he dicho a ti que lo mires.

Dos. No lo estás mirando.

Uno. ¡Que sí lo estoy mirando! Ah, no. Ahora. Mira este. Tiene nombre, pero no sabe qué es soñar.

Dos. La vida es un misterio insondable.

Uno. Confucio.

Dos. Crees que soy Confucio, ¿verdad?

Uno. Yo ya me creo todo.

Dos. ¡Pues hala, soy Confucio!

Uno. Un payaso que es filósofo, un personaje con nombre que no sabe soñar. El futuro es incierto, amigo.

Dos. Insondable.

Uno. Insondable.

Andrés. Quizá vayamos a morir.

Uno y Dos. ¡Jamás!

Dos. Amigo, por tus comentarios diría que eres... ¿domador de fieras?

Andrés. Soy Andrés, el domador aragonés.

Dos. ¡Ajá, lo sabía!

Uno. Definitivamente eres Confucio. ¿Quién seré yo?

Dos. Un día llegará un descerebrado y meterá tu cabeza dentro un tigre y ya, hasta aquí llegó Andrés, el domador aragonés. No estas muerto... todavía.

Uno. Un momento. ¿Eres domador de salvajes fieras y no sabes soñar?

Andrés. ¡No sé si sé porque no sé qué es soñar!

Dos. Porque no quieres. Porque procrastinas.

Uno. Auch.

Dos. Si no sabes, estudia. Te lo dice Confucio.

Andrés. Yo soy Andrés.

Uno. Andrés, un respetito. Mira la digna pose de mi amigo. Es el gran Confucio.

Andrés. Podría ser payaso Tres, pero soy Andrés.

Uno. ¿Y por qué vas a ser payaso Tres?

Andrés. Por lo evidente.

Dos. Uy, lo evidente.

Uno. ¿Lo evidente?

Andrés. Lo evidente.

Dos. Uy, lo evidente.

Uno. ¿Qué es lo evidente?

Andrés. Es la continuación lógica. Uno, Dos y...

Uno. Andrés, el domador aragonés.

Andrés. ¡Tres! Uno, dos y tres.

Dos. ¿Oye, domador, tu futuro también está escrito? No es que me importe mucho, odio a los procrastinadores, pero tengo curiosidad por saber si tu futuro es tu pasado.

Andrés. Pues no lo sé.

Dos. Este no sabe nada.

Uno. ¿No sabes tu futuro?

Andrés. No.

Dos. Qué decepción.

Uno. Es un caso claro.

Dos. Transparente.

Uno. Andrés, tu futuro es tu pasado. Somos inmortales aves literarias. Filósofos voladores ¿Sabes aterrizar?

Dos. ¿Sabes tú?

Uno. Payaso Uno sí.

Dos. Payaso Dos también, pero no sabe si lo que hace es saberlo o decir lo que otro ha pensado para que diga. Aún no me reconozco del todo.

Uno. Es el jet lag.

Dos. Es el jet lag.

Uno. Ja, ja, ja.

Dos. Je, je, je.

Uno. Toc, toc, toc.

Dos. Mec, mec, mec.

Uno. Piensa lo que te dé la gana, Confucio, no seas aguafiestas. Aquí no nos oye nadie. Aquí somos lo que queremos. Somos *pachachos filochofos.* Yo te digo que sabes aterrizar porque te he visto hacerlo en múltiples ocasiones.

Dos. ¡Entonces payaso Dos dice que todo está bien!

Uno. ¡Y payaso Uno dice que todo está bien!

Andrés. ¡Y Andrés dice, maniobras!

Dos. ¡Ahhh!

Uno. Cuidado con eso, Andrés, domador aragonés.

Dos. Mucho cuidado con eso.

Uno. Maniobras, dice.

Dos. ¡Eso ha dicho! Mucho cuidado con eso.

Andrés. ¿Eh?

Dos. ¡No te enteras!

Uno. Pero hombre, ten compasión. Lo que sucede es que no sabe que somos inmortales. Somos impersonajes.

Andrés. Eso no existe.

Dos. Vaya que no. Mientras no te posea ningún actor, ¿qué eres?

Uno. Impersonaje.

Dos. Mientras estés dentro de un cajón, ¿qué eres?

Uno. Inpersonaje.

Dos. Mientras te piensen, pero no te vean, ¿qué eres?

Uno. Impersonaje.

Dos. Y los impersonajes nos llamamos como queremos. ¿Cómo quieres llamarte?

Andrés. Me gustaría ser payaso Tres, ya os lo he dicho. Qué sopor.

Uno. ¡Pues no se hable más!

Dos. ¡Hola payaso Tres!

Uno. ¡He dicho que no se hable más!

Dos. ¿Eh?... ¡Ah!... je, je, je.

Uno. Toc, toc, toc.

Dos. Mec, mec, mec.

Andrés. ¡Qué liberación!

Dos. ¡Viva payaso Tres!

Uno. Oíd, amigos, que no existamos no significa que no soñemos. Somos impersonajes inmortales filósofos y soñadores. Os lo dice Aristóteles.

Dos. Nosotros no existimos, únicamente lo parece. Esto lo sabemos Aristóteles y Confucio, pero, ah, ¿lo sabrá payaso Tres?

Andrés. Dejadme tranquilo. Estoy meditando.

Uno y Dos. ¿Pero quién te crees que eres para meditar así, payaso Tres?

Andrés. Platón.

Uno y Dos. ¡Hostia!

Uno. ¡Hola Platón!

Dos. Platón no procrastina, eso no vale.

Andrés. Y esto no es ningún cajón. Estamos en una caverna. Ignorancia de quien nos posee, baja percepción de quienes sufrimos, verdad que se pierde.

Uno. Eso ya lo sabemos *filochofo*. Hablemos del futuro.

Dos. Vale.

Uno. ¡Nos esperan unas maniobras guachi! Tengo esa esperanza.

Dos. ¡Confucio piensa que el futuro es majestuoso! En el futuro me poseerá... Al Pacino.

Uno. A mí Daniel Day-Lewis.

Dos. A mí Marlon Brando.

Uno. A mí Paul Newman.

Dos. A mí Laurence Olivier.

Uno. A mí Ian McKellen.

Dos. A mí Alec Guinnes.

Uno. A mí Sara Bernhardt.

Dos. A mí Margarita Xirgu.

Uno. A mí Judy Dench.

Dos. A mí María Guerrero.

Uno. A mí Meryl Streep.

Dos. A mí Nuria Espert.

Andrés. ¿Pero no os asusta no saber qué hay después?

Dos. Platón, tu futuro es tu pasado, ya lo conoces, aunque no lo recuerdas. Siempre acabas aquí haciendo las mismas preguntitas.

Uno. Ya cansa un poquito.

Dos. El payasito Platonito. Jajajá. Pla tontito. Jajaja.

Uno. Respétalo que es Platón, un filósofo que mola mogollón, con barba blanca y negro pantalón, habla de cuevas y sombras sin temor, Platón, grande entre los grandes, enseñar es su misión y la mía es admitirle y abrazarle con amor.

Dos. Venga.

Andrés. ¿Cómo salimos de aquí?

Dos. ¿Has oído, payaso Uno?, ¡Platón quiere salir de la cueva! Jajaja.

Uno. Jajaja.

Dos. Jajaja.

Uno. Jajaja.

Dos. Jajaja.

Uno. Jajaja.

Dos. Jajaja.

Uno. Será payaso.

Se oyen ruidos.

Uno. ¡Caramba!

Dos. ¡Cáspita!

Andrés. Me cago en la puta. ¡Maniobras! ¡maniobras!

Uno y Dos. ¡Maniobras! ¡maniobras!

Andrés. ¡Maniobras! ¡maniobras!

Uno y Dos. ¡Maniobras! ¡maniobras!

Andrés. ¡Maniobras! ¡maniobras!

Uno y Dos. Viento en popa a toda vela, ¡el futuro!

Dos. Es la luz al final del túnel, dice payaso Dos. Payaso Dos volverá a ser poseído por Ian McKellen.

Uno. Payaso Dos dice tonterías, dice payaso Uno diciendo lo que payaso Dos dice. Es el final del libreto, dice payaso Uno. Abróchense los cinturones. Después de aquello, despegar juntos al futuro es...

Uno, Dos y Andrés. ¡Fantástico!

Dos. Morir juntos para renacer es...

Uno, Dos y Andrés. ¡Fantástico!

Andrés. De la mano. Esto es...

Uno, Dos y Andrés. ¡Fantástico!

Uno. Tres filósofos felices.

Uno, Dos y Andrés. ¡*Vini, vidi, vinci*!

Oscuro.

Uno. Confucio se va. *(Sale).*

Dos. Aristóteles se ha ido. *(Sale).*

Andrés. ¿Se puede morir muchas veces?

Uno y Dos. Jajaja. Nosotros somos inmortales, Platón. Los que se mueren ellos, nosotros volvemos al fresquito de la caverna.

INVENCIÓN QUINTA

DESPUÉS DE LAS MANIOBRAS

Una potente luz dibuja un pentágono. Los personajes caminarán por sus bordes de acuerdo con el siguiente patrón de movimientos.

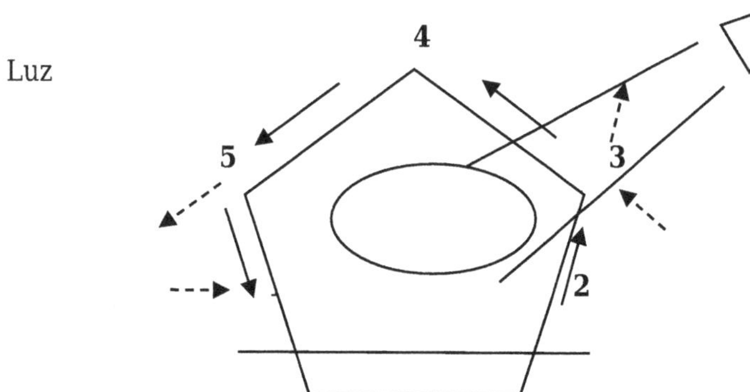

Entra **Ronin** por 1. Recorre el pentágono y saldrá por 3 en su octava vuelta dejando la venda que cubría sus ojos y las cadenas que lo ataban en la cueva en el centro del pentágono. Cuando pase por 2 en su sexta vuelta, entra **Ella 2** por 3. Ella 2 recorre el pentágono y saldrá por 5 en su octava vuelta dejando su móvil en el centro del pentágono. Cuando Ella 2 pase por 2 en su sexta vuelta, entra **Él 2** por 1. Él 2 recorre el pentágono y saldrá por 3 en su octava vuelta dejando sus gafas 3D en el centro del pentágono. Cuando Él 2 pase por 2 en su sexta vuelta, entra **Abuelo** por 3. El Abuelo recorre el pentágono y saldrá por 5 en su octava vuelta dejando su maleta y guantes en el centro del pentágono. Cuando Abuelo pase por 5 en su sexta vuelta, entra **Ella 1** por 1. Ella 1 recorre el pentágono y saldrá por 3 en la octava vuelta dejando su pase y su uniforme planchado en el centro del pentágono. Cuando Ella 1 pase por 2 en su sexta vuelta, entra **Él 1** por 3. Él 1 recorre el pentágono y saldrá por 5 en su octava vuelta dejando la botella con la que brindaron en el centro del pentágono. Cuando Él 1 pase por 2 en su sexta vuelta, entra **IA** por 1. IA recorre el pentágono y saldrá por 3 en la octava vuelta dejando sus brazos en el centro del pentágono. Cuando IA pase por 5 en su sexta vuelta, entra **Él** por 3. Él recorre el pentágono y saldrá por 5 en la octava vuelta dejando su chaqueta en el centro del pentágono. Cuando Él pase por 3 en su sexta vuelta, entra Ella por 1. Ello recorre el pentágono y saldrá por 3 en la octava vuelta dejando el peluche en el centro del pentágono.

Luz solo al centro del pentágono.

INVENCIÓN SEXTA

Baile griego alegre sobre los bordes del pentágono dando tantas vueltas como se quiera. Van entrando los personajes de uno en uno. Podrá invitarse al público a participar del baile.

Termina la música. Se acaba el baile Grabación. Se escucha llorar a un niño.

Narrador. Condado de Pondera, Montana, Estados Unidos 1976. La adolescente Alice Cooper ha dado a luz a un niño, Johnny, de ojos verdes que huele a hierbabuena.

OSCURO.

Miguel Ribagorda

Director de escena, autor, actor, investigador teatral y docente.

Doctor en estudios teatrales por la UCM, ingeniero de telecomunicaciones por la UPM, máster en artes escénicas por la UCM, máster en neurociencias por la Universidad CEU Cardenal Herrera y máster en educación secundaria por la UCJC.

Socio de la Asociación de directores de Escena, ADE, de la Asociación de autoras y autoras de Teatro, ATT, y académico en la Academia de Artes Escénicas de España, AAEE.

Como investigador se especializa en el estudio de la creación y recepción escénica desde las neurociencias. En 2019 la Unión Europea le otorga un sello de excelencia por su proyecto para la incorporación de las neurociencias en los estudios de artes escénicas en países pertenecientes a la UE. En 2021 gana el premio internacional en investigación en artes escénicas Artezblai por su libro "Un encuentro feliz, teatro y neurociencia".

Como autor sus obras y adaptaciones teatrales se han programado en España, México, Costa Rica y la República Checa. En 2023 coescribe y protagoniza "Yes, we can´t, la sociedad del cansancio", obra premiada con la mejor dramaturgia y actuación en el Festival de Teatro Universitario de la UCM y como mejor dramaturgia en el FITUA de 2025. En 2024 coedita y escribe "Ni cierto ni concreto. Ambigüedad en la artes escénicas, letras y ciencias".

Como docente, desde 2021 es profesor de teatro en la institución educativa SEK. El curso 2024/25 crea y dirige desde la Universidad Camilo José Cela el primer Máster Universitario oficial en Dirección de Escena en España.